بسم الله الرحمن الرحيم

ISBN : 978-2-87545-136-1

CECJ - 100, rue de la Limite - 1210 Bruxelles
Tél 0032 2 223 78 90 Fax 0032 2 223 58 88
Web : www.hadithshop.com
mail : daralhadith@hotmail.com

J'apprends à prier comme le Prophète ﷺ

Al-Hadîth
éditions

Introduction

Ce manuel vise à expliquer de manière pratique et illustrée comment accomplir la prière. Il s'adresse aux débutantes, jeunes et moins jeunes, qui désirent apprendre l'accomplissement de cette noble adoration dans le respect de la tradition prophétique. Les éditions al-Hadîth se sont reportées aux travaux de grands savants sunnites pour élaborer ce manuel, notamment les livres « La prière du Prophète, du début à la fin comme si vous la voyiez » du cheikh al-Albânî et « La description de la prière du Prophète » du cheikh Ibn Bâz.

D'autres questions importantes ont aussi été traitées, car elles sont liées à la prière : la purification, les mérites de la prière, les prières surérogatoires, etc.

Toutes les invocations ont été traduites et transcrites pour faciliter leur mémorisation.

Ainsi, grâce à Allah avant tout, puis grâce à ce manuel, la lectrice pourra commencer à prier sans plus attendre. C'est la raison pour laquelle quelques sourates importantes ont également été traduites et transcrites.

La prière... Pourquoi ?

La prière est une prescription divine

Le premier devoir de la musulmane pubère et possédant toute sa raison et le plus important, après l'attestation de foi bien sûr, c'est la prière. C'est le deuxième pilier de l'Islam.

La prière est obligatoire pour les musulmans. Elle est pratiquée cinq fois par jour. Durant la prière, nous évoquons Allah. Elle nous rapproche donc de Lui.

﴿ Et il ne leur a été demandé que d'adorer Allah... ﴾
Coran, 99:5

La prière nous encourage à faire de bonnes actions et nous éloigne des péchés. Elle aide le musulman à rester droit et honnête.

﴿ Accomplis la prière ! Certes, la prière préserve de la turpitude et du blâmable ﴾ Coran, 29:45

Allah aime ceux qui prient de façon constante.

De nombreux hadiths du Prophète ﷺ nous rappellent également l'importance de la prière :

« La première chose sur laquelle sera interrogé le serviteur le Jour de la Résurrection est la prière ». (Abû Dâwud)

Allah dit dans le Saint Coran :

> ﴾ Et accomplis la prière au début et à la fin du jour, ainsi qu'à l'approche de la nuit, car les bonnes actions effacent les mauvaises ! ﴿ Coran, 11:114

Enfin, quand le Compagnon Ibn Mas'ûd ﷺ posa la question suivante au Prophète ﷺ : « Quelle est l'action la plus aimée d'Allah ? », il répondit : « La prière accomplie en son temps ». (Al-Bukhârî et Muslim)

Le Prophète ﷺ a dit : « Allah a rendu obligatoire à Ses serviteurs cinq prières quotidiennes. Celui qui les accomplit parfaitement, Allah lui a promis de le faire entrer au Paradis. Et celui qui ne les accomplit pas parfaitement, Allah ne lui a pas promis de le faire entrer au Paradis. S'Il veut, Il le châtie et s'Il veut, Il le fait entrer au Paradis ». (Abû Dâwud, authentifié par al-Albânî)

'Uthmân a dit : « J'ai entendu le Messager d'Allah ﷺ dire : « Toutes les fois qu'un musulman est là quand vient l'heure d'une prière obligatoire, fait pour elle ses ablutions avec le plus grand soin, y met tout le recueillement et l'humilité qui se doivent et se plie posément dans son inclinaison, cela lui efface tous les péchés précédents tant qu'il n'en commet pas les grands et ce durant toute sa vie ». (Muslim)

Le Prophète ﷺ a dit : « La clé du Paradis est la prière ». (Al-Tirmidhî, Ahmad, al-Dârimî, authentifié par al-Albânî)

Notre Prophète Muhammad ﷺ nous enseigne que la prière est à l'image d'une rivière. Lorsque le musulman accomplit la prière cinq fois par jour, c'est comme s'il se lavait dans cette rivière cinq fois.

Le Messager d'Allah ﷺ posa la question suivante: « Voyez-vous s'il y avait une rivière à la porte de l'un d'entre vous dans laquelle il se laverait cinq fois par jour, diriez-vous qu'après cela il pourrait encore avoir une saleté ? » Les Compagnons répondirent: « Aucune saleté ne resterait ». Il continua: « Cela est comparable aux cinq prières grâce auxquelles Allah efface les péchés ». (Al-Bukhârî)

La prière est la seule adoration prescrite au-delà des sept cieux et non sur terre. En effet, c'est lors de l'ascension nocturne que le Prophète ﷺ reçut l'ordre de transmettre à sa communauté l'obligation des cinq prières quotidiennes. Or c'est aussi à ce moment que le Prophète ﷺ fut le plus proche de son Seigneur. Cela nous montre que la prière est le meilleur moyen pour se rapprocher spirituellement d'Allah. Le terme prière (salât) dérive de sila qui signifie lien, relation. Cinq fois par jour, aux cinq pôles de la journée, le croyant délaisse toute occupation de cette vie d'ici-bas pour entrer en communication avec son Créateur.

Mérites de la prière en commun

Les hommes doivent accomplir la prière obligatoire en commun à la mosquée quand ils en ont la possibilité, ce n'est pas le cas pour les femmes.

> La prière en commun dépasse en mérite la prière individuelle de vingt-sept degrés. (Al-Bukhârî et Muslim)

Pour les femmes, prier à la mosquée est une persmission est non une obligation.

Le Prophète ﷺ a dit :

> N'interdisez pas les mosquées d'Allah aux servantes d'Allah. (Al-Bukhârî et Muslim)

Mérites des mosquées

Le Prophète ﷺ a dit :

« Celui qui construit sincèrement une mosquée pour Allah, alors Allah lui construit une maison au Paradis ». (Al-Bukhârî et Muslim)

« Pour chaque pas que tu fais en te dirigeant vers la mosquée, tu as une aumône ». (Al-Bukhârî et Muslim)

« Si les gens savaient la récompense qu'il y a dans l'appel à la prière et le premier rang, ils s'y départageraient au besoin par le tirage au sort ». (Al-Bukhârî et Muslim)

« N'empêchez pas les femmes de se rendre à la mosquée, mais leurs maisons sont mieux pour elles ». (Muslim, Ahmad, Abû Dâwud)

Nous comprenons de ce dernier hadith qu'il est permis pour la femme de prier à la mosquée, néanmoins prier chez elle est meilleur. En revanche, il lui est préférable d'aller à la mosquée si c'est le seul moyen pour elle d'apprendre sa religion en écoutant les cours qui s'y donnent.

Pourquoi se purifier ?

La purification, c'est la moitié de la foi ! (Muslim)

L'islam porte un intérêt majeur à l'hygiène et à la purification. Le Coran fut révélé à des Arabes, vivant dans le désert où l'eau est rare. Malgré cela, l'islam imposa aux croyants de laver les membres du corps les plus exposés aux saletés : mains, pieds, visage, etc. Mais aussi de laver tout le corps après chaque rapport intime et au moins une fois par semaine avant la prière du vendredi. L'hygiène buccale est également une pratique que le Prophète ﷺ n'a jamais délaissée. Son épouse 'Aisha رضي الله عنها nous raconte que la première chose que faisait le Prophète ﷺ en rentrant chez lui était de prendre son siwâk (bâton d'arâk) et de se frotter les dents.

L'islam lie constamment ces éléments de la purification extérieure des membres à la pureté intérieure du cœur et de l'âme. Ainsi, les ablutions effacent les péchés et le siwâk procure la satisfaction d'Allah. L'islam nous montre par là que c'est notamment à travers l'entretien assidu de l'hygiène du corps que le croyant arrivera à purifier son âme et son cœur.

Le Messager d'Allah ﷺ a dit : « Quand le serviteur musulman fait ses ablutions, puis se lave le visage, tout péché que ses yeux ont commis par le regard quittera son visage avec la dernière goutte d'eau. Quand il se lave les mains, tout péché que ses mains ont perpétré s'écoulera de celles-ci avec la dernière goutte d'eau. Quand il se lave les pieds, tout péché auquel ses pieds l'ont conduit s'écoulera avec la dernière goutte d'eau – jusqu'à ce qu'il sorte purifié de tout péché ». (Muslim)

1. al-Istinjâ'

Il s'agit de se laver les parties intimes, à savoir les deux orifices, après avoir effectué les besoins. On peut procéder au nettoyage en utilisant de l'eau ou du papier et il est obligatoire à chaque fois qu'on se rend aux toilettes.

Quelques recommandations aux toilettes :

* Formuler l'invocation avant d'entrer aux toilettes puis en sortant. (figure 1)
* L'urine et les selles sont des impuretés et un vêtement touché par une impureté ne peut pas être porté pour la prière, tant qu'il n'a pas été lavé.
* Utiliser la main gauche pour se laver les parties intimes.
* Ne pas pénétrer aux toilettes avec des objets contenant du Coran ou le Nom d'Allah comme inscription visible.

Invocation FIGURE 1

On entre du pied gauche en disant :

اللَّهُمَّ إِنِّي أَعُوذُ بِكَ مِنَ الْخُبُثِ وَالْخَبَائِثِ

« Allâhumma innî a'ûdhu bika min al-khubuthi wa l-khabâ'ith »

« Seigneur, je Te demande protection contre les démons mâles et femelles. »

On ressort du pied droit en disant :

غُفْرَانَكَ

« Ghufrânak » « Pardonne-moi. »

Toute impureté se trouvant sur le corps ou sur le vêtement doit être éliminée avant de pouvoir prier.

Les éléments suivants sont des impuretés :

- **L'urine**
- **Les excréments**
- **Le liquide prostatique**
- **Le sang des menstrues**
- **les lochies (l'écoulement vaginal qui suit l'accouchement)**
- **L'urine et les excréments des animaux interdits à la consommation**
- **La salive du chien, etc.**

2. Les ablutions

Avant d'accomplir la prière, la musulmane doit se préparer et être sûre qu'elle est propre et pure. Elle doit donc faire les ablutions.

Les ablutions sont importantes pour pouvoir accomplir la prière : sans les ablutions, aucune prière n'est acceptée.

La musulmane se conforme à la prescription divine générale :

> ﴾Ô vous les croyants ! Lorsque vous vous levez pour accomplir la prière, lavez vos visages et vos mains jusqu'aux coudes; passez ensuite les mains mouillées sur vos têtes et lavez-vous les pieds jusqu'aux chevilles.﴿ Coran, 5: 6

Avant d'effectuer les ablutions, il faut avoir l'intention de plaire à Allah et il est recommandé de se laver les mains trois fois.

La description des ablutions

1 L'intention

L'intention n'est pas une formule à prononcer mais elle consiste à être bien conscient de l'adoration que l'on va accomplir. Le Prophète ﷺ a dit que les actes ne valent que par les intentions.

2 Bismillâh

Avant de faire les ablutions, il faut dire :

Dire Bismillâh (au Nom d'Allah) avant toute chose nous incite à penser à Celui pour Qui nous faisons cette action et à nous demander si c'est une chose qui plaît à Allah. Si j'accomplis mes ablutions aux toilettes, je prononce cette formule dans mon cœur et non pas à haute voix. Le Prophète ﷺ a dit : « Pas d'ablutions pour celui qui n'a pas commencé par la mention du nom d'Allah. » (Al-Tirmidhî, déclaré fiable par al-Albânî).

4 Les mains

Je lave **3 fois** les mains en commençant par la main droite, puis la gauche

* Utiliser l'eau pure dont le goût, l'odeur et la couleur ne sont pas altérés.

* Ne pas gaspiller l' eau, car Allah ﷻ n'aime pas les gaspilleurs

4 La bouche et le nez

Je commence par rincer la bouche et le nez 3 fois.

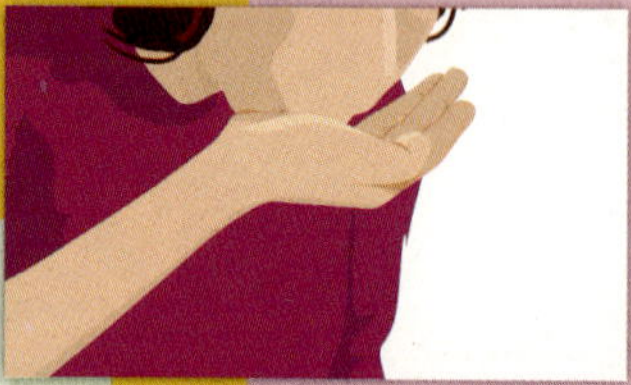

Je rince trois fois la bouche et le nez à partir d'une même poignée d'eau. Pour le nez, j'aspire de la main droite et rejette de la gauche. J'inspire l'eau abondamment sauf quand je jeûne.

5 Le visage

Je lave mon visage à 3 reprises. Celui-ci se délimite en hauteur du haut du front au bas du menton, et en largeur des deux lobes des oreilles.

6 Les avant-bras

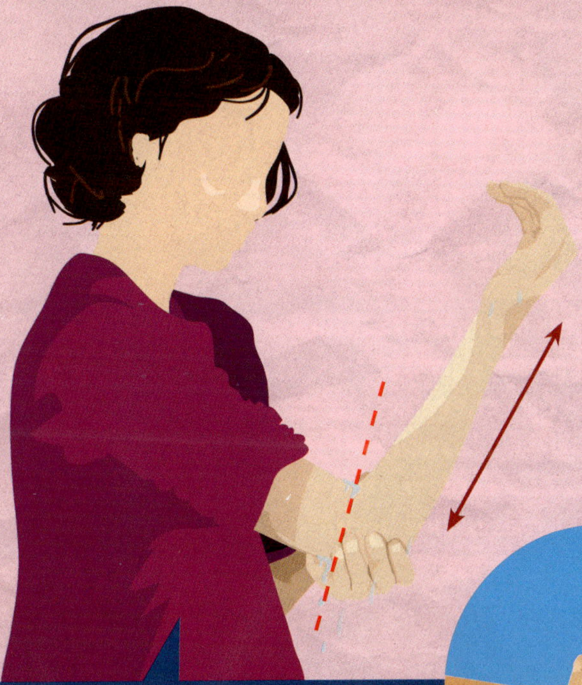

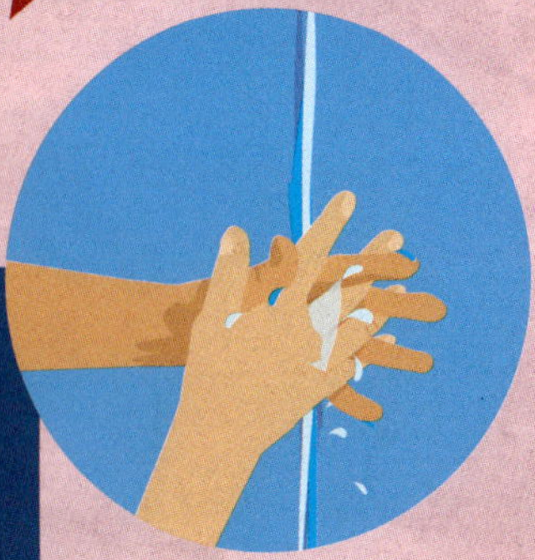

Je lave mon avant-bras 3 fois, du coude jusqu'à la main, en commençant par le droit puis la même chose pour le gauche. Je n'oublie pas de laver entre mes doigts.

7 La tête et les oreilles

Je passe 1 fois mes mains humides sur la tête, de l'avant vers l'arrière où s'arrête la pousse des cheveux puis l'inverse. Si mes cheveux sont tressés, je m'assure juste que l'eau arrive à la racine de mes cheveux. Si je porte un voile et que l'enlever représente une difficulté, je peux passer mes mains humides sur celui-ci.

Je lave mes oreilles 1 fois avec mes doigts humides. Si mes doigts sont encore humides après avoir essuyé mes cheveux, je ne suis pas obligée de les plonger à nouveau dans l'eau. Mon index essuye l'intérieur de mes oreilles et mon pouce l'extérieur.

8 Les pieds

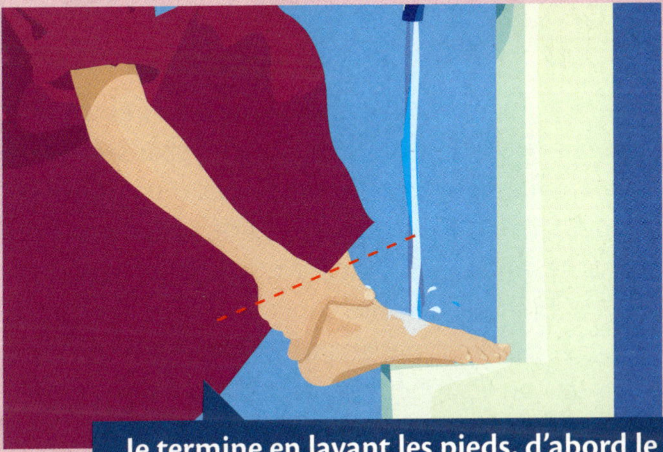

Je termine en lavant les pieds, d'abord le droit 3 fois puis le gauche 3 fois

* Les chevilles doivent être lavées avec les pieds.

* Il est recommandé de passer le petit doigt entre les orteils.

Après mes ablutions, je dis : « Ash-hadu allâ ilâha illallâh wa ash-hadu anna muhammadan rasûlullâh. Allâhumma j'alnî mina ttawwâbîn wa j'alnî mina l-mutatahhirîn. »

J'atteste qu'il n'y a de dieu sauf Allah et j'atteste que Muhammad est le Messager d'Allah. Ô Allah, inscris-moi parmi ceux qui se repentent souvent et parmi ceux qui se purifient.

L'effleurement des chaussettes et des chaussons

Notre Prophète Muhammad ﷺ nous enseigne qu'il est permis de passer la main humide sur le « dessus » des chaussettes ou des chaussons pour remplacer le lavage des pieds. Ceci est valable uniquement si on a accompli les ablutions complètes avant de porter les chaussettes et si les ablutions ont été perdues alors que les chaussettes n'avaient pas encore été ôtées. La tradition du Prophète ﷺ est de laver les pieds à l'eau si on est pieds nus au moment des ablutions, et d'effleurer une seule fois ce qui les recouvre quand on n'est pas pieds nus au moment des ablutions.

Cet effleurement n'est plus praticable après 3 jours pour le voyageur et 1 jour pour le résident.

les chaussettes doivent couvrir les pieds et les chevilles

Il ne faut pas essuyer le dessous des chaussettes (ou chaussures ou bottines ou chaussons, etc) mais uniquement le dessus. 'Alî, le cousin du Prophète ﷺ, dit à ce propos : « Si la religion s'établissait par la raison, il faudrait alors à plus forte raison effleurer le dessous du chausson plutôt que le dessus; mais j'ai vu le Messager d'Allah ﷺ effleurer le dessus de ses chaussons. » (Abû Dâwud et al-Dâraqutnî, sa chaîne de transmission est bonne et authentique.)

Le Tayammum

Lorsqu'il n'est pas possible de trouver de l'eau ou qu'il est impossible de se laver à l'eau pour cause de maladie par exemple, on peut avoir recours à des ablutions sèches via la terre pure. Dès lors, du sable ou de la pierre naturelle peuvent être utilisés pour se purifier.

- Je dois dire « Bismillâh »

- Je pose mes mains sur la terre pure, le sable, la pierre, etc. Je m'essuie le visage puis les mains jusqu'aux poignets 1 fois.

Ce qui rompt les ablutions

Le croyant peut effectuer plusieurs prières sans renouveler ses ablutions sauf si elles ont été rompues par ce qui suit :

- **Toutes les évacuations par les voies naturelles : selles, urines, excrétions prostatiques et gaz.**
- **Après un profond sommeil. Le sommeil léger ne rompt pas les ablutions pour la majorité des savants.**
- **Après un arrêt de l'activité mentale sous l'effet d'évanouissement, d'alcool ou de folie.**
- **Caresser ou embrasser avec jouissance.**
- **Toucher ses parties intimes avec jouissance (ce qui par ailleurs est interdit.)**

Les grandes ablutions ou le lavage rituel

L'impureté rituelle est de deux sortes : mineure et majeure. Il arrive en effet que la musulmane connaisse des moments où elle ne peut maintenir son état de pureté. Par exemple, lorsqu'elle va aux toilettes, elle doit refaire ses ablutions. C'est ce qu'on appelle l'état d'impureté mineure. Mais il existe aussi un état d'impureté majeure qui se produit notamment après des rapports intimes, quand il y a pénétration vaginale ou éjaculation. La femme se retrouve également en état d'impureté rituelle majeure lorsqu'elle est indisposée ou suite à un accouchement quand le sang des lochies s'écoule.

Les petites ablutions décrites précédemment sont nécessaires pour l'impureté mineure. Dans le cas de l'impureté majeure, il faut procéder aux grandes ablutions pour recouvrer l'état de pureté et être en mesure d'accomplir certains actes d'adoration comme la prière. La croyante lave ses parties intimes si nécessaires, puis effectue les petites ablutions. Ensuite, elle doit verser de l'eau sur sa tête à trois reprises en frottant bien les racines de ses cheveux. Elle n'a pas à défaire sa tresse si son lavage suit un rapport intime, mais s'assure que l'eau arrive à la racine de ses cheveux. Par contre, elle doit la défaire si son lavage se fait suite à son indisposition. Puis elle verse de l'eau sur tout son corps de haut en bas et de droite à gauche. L'utilisation de la main n'est pas obligatoire sauf pour les parties que l'eau n'atteint pas facilement : aisselles, nombril, etc.

La prière pour les femmes

La prière enseignée par notre Prophète ﷺ est identique pour les hommes et pour les femmes. Donc, les règles exposées dans cet ouvrage s'appliquent aux croyants et aux croyantes.

La prière de la femme ne se distingue de celle de l'homme que sur les points suivants :

- Il est préférable pour elle de prier à la maison et non à la mosquée

- Il lui est interdit de prier lors des menstrues et des lochies

- Il est préférable qu'elle ne hausse pas la voix dans ses prières à voix haute si elle prie en présence d'hommes étrangers

La description de la prière

Au cours de la prière, certains actes sont interdits :

- parler
- manger, boire
- rire
- gigoter dans tous les sens
- promener son regard dans tous les sens
- être trop rapide dans l'accomplissement de la prière

Les conditions de la prière

La prière n'est pas valable si les conditions suivantes ne sont pas remplies :

1 | Avoir fait ses ablutions.

2 | Avoir, dans le cœur, l'intention d'accomplir la prière.

3 | Porter des vêtements appropriés qui couvrent la nudité de l'homme et de la femme

4 | Se diriger vers la Qibla : la Kaaba qui se trouve à La Mecque.

5 | Prier dans des vêtements et des lieux purs.

6 | Accomplir la prière dans son heure légale.

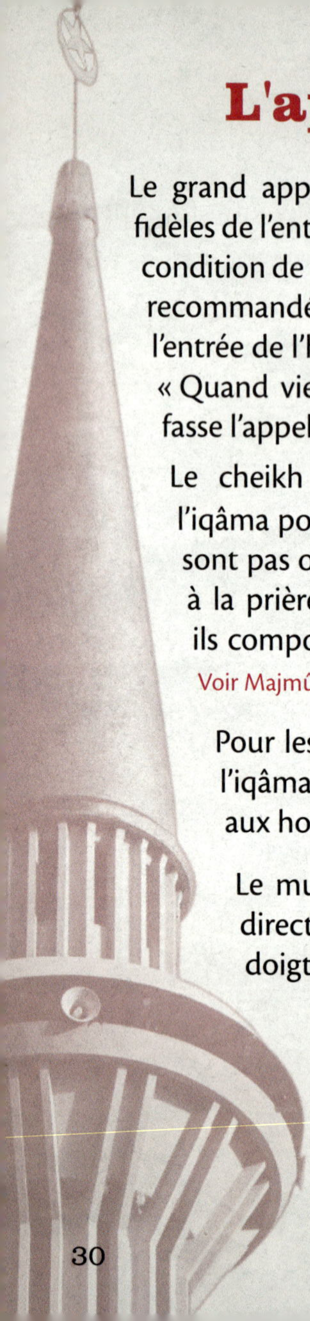

L'appel à la prière

Le grand appel à la prière (adhân) sert à avertir les fidèles de l'entrée de l'heure de la prière. Ce n'est pas une condition de validité de la prière, mais il reste fortement recommandé. Il est bon de faire l'appel à la prière dès l'entrée de l'heure de la prière, car le Prophète ﷺ a dit : « Quand vient l'heure de la prière, que l'un de vous fasse l'appel ! »

Le cheikh Ibn al-'Uthaymîn رحمه الله dit : « L'adhân et l'iqâma pour l'orant individuel sont une sunna et ne sont pas obligatoires, car il n'y a personne à appeler à la prière. Cependant, ils sont recommandés, car ils comportent l'évocation et l'exaltation d'Allah ».
Voir Majmû' al-Fatâwâ, t.1, p.174.

Pour les femmes, il est permis de faire l'adhân et l'iqâma, sans pour autant faire entendre leur voix aux hommes étrangers.

Le muezzin (celui qui fait l'adhân) se tient en direction de la Qibla, met de préférence les doigts dans les oreilles et dit :

L'adhân

اللّٰهُ أَكْبَرُ

Allâhu akbar (4 fois) Allah est le plus Grand

أَشْهَدُ أَنْ لَا إِلٰهَ إِلَّا اللّٰهُ

Ash-hadu allâ ilâha illâllâh (2 fois)
Je témoigne qu'il n'y a de dieu qu'Allah

أَشْهَدُ أَنَّ مُحَمَّدًا رَسُولُ اللّٰهِ

Ash-hadu anna Muhammadan rasûlullâh (2 fois)
Je témoigne que Muhammad est le Messager d'Allah

حَيَّ عَلَى الصَّلَاةِ

Hayya 'alâ-s-salâ (2 fois) Venez à la prière !

حَيَّ عَلَى الفَلَاحِ

Hayya 'alâ-l-falâh (2 fois) Venez au succès !

اللّٰهُ أَكْبَرُ

Allâhu akbar (2 fois) Allah est le plus Grand

لَا إِلٰهَ إِلَّا اللّٰهُ

Lâ ilâha illâllâh (1 fois) Il n'y a de dieu qu'Allah

Durant l'appel à la prière, je répète ce que le muezzin dit sauf quand il dit « Hayya 'alâ-s-salâ » et « Hayya 'alâ-l-falâh », je dis uniquement : « Lâ hawla wa lâ quwwata illâ billâh » (Il n'y a de force ni de puissance qu'en Allah).

Après l'appel à la prière (adhân), on observe un court moment permettant aux musulmans de se réunir pour accomplir la prière en commun. Durant ce laps de temps, il est recommandé d'invoquer Allah le très Haut en faveur du Prophète Muhammad ﷺ :

اللَّهُمَّ رَبَّ هَذِهِ الدَّعْوَةِ التَّامَّةِ ، وَالصَّلاةِ القَائِمَةِ ، آتِ

مُحَمَّداً الْوَسِيلَةَ وَالْفَضِيلَةَ وَابْعَثْهُ مَقَاماً مَحْمُوداً الَّذِي وَعَدْتَهُ

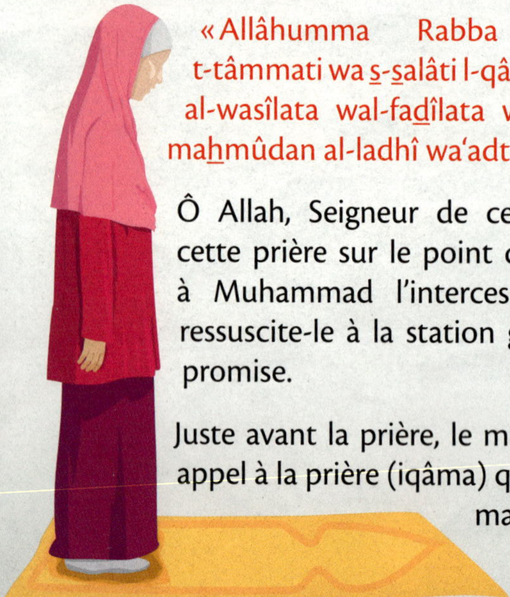

« Allâhumma Rabba hâdhihi d-da'wati t-tâmmati wa s-salâti l-qâ'ima ! âti Muhammadan al-wasîlata wal-fadîlata wa b'ath-hu maqâman mahmûdan al-ladhî wa'adtah. »

Ô Allah, Seigneur de cet appel parfait et de cette prière sur le point de s'accomplir, accorde à Muhammad l'intercession et l'honneur, et ressuscite-le à la station glorieuse que Tu lui as promise.

Juste avant la prière, le muezzin formule le petit appel à la prière (iqâma) qui ressemble au Adhân, mais qui est plus court. Voici ce qu'il faut dire :

L'iqâma

اللهُ أَكْبَرُ

Allâhu Akbar (2 fois) Allah est le plus Grand

أَشْهَدُ أَنْ لَا إِلَهَ إِلَّا اللهُ

Ash-hadu allâ ilâha illâllâh (1 fois)
Je témoigne qu'il n'y a de dieu qu'Allah

أَشْهَدُ أَنَّ مُحَمَّدًا رَسُولُ اللهِ

Ash-hadu anna Mu<u>h</u>ammadan rasûlullâh (1 fois)
Je témoigne que Mu<u>h</u>ammad est le Messager d'Allah

حَيَّ عَلَى الصَّلاَةِ

<u>H</u>ayya 'alâ-<u>s</u>-<u>s</u>alâ (1 fois) Venez à la prière !

حَيَّ عَلَى الفَلاَحِ

<u>H</u>ayya 'alâ-l-falâ<u>h</u> (1 fois) Venez au succès !

قَدْ قَامَتِ الصَّلاَةُ

Qad qâmati-<u>s</u>-<u>s</u>alâ (2 fois) La prière est célébrée

اللهُ أَكْبَرُ

Allâhu akbar (2 fois) Allah est le plus Grand

لَا إِلَهَ إِلاَّ اللهُ

Lâ ilâha illâllâh (1 fois) Il n'y a de dieu qu'Allah

Résumé de la prière

Voici une illustration du déroulement de la prière, chaque numéro correspond à un chapitre d'explication plus loin dans le livre.

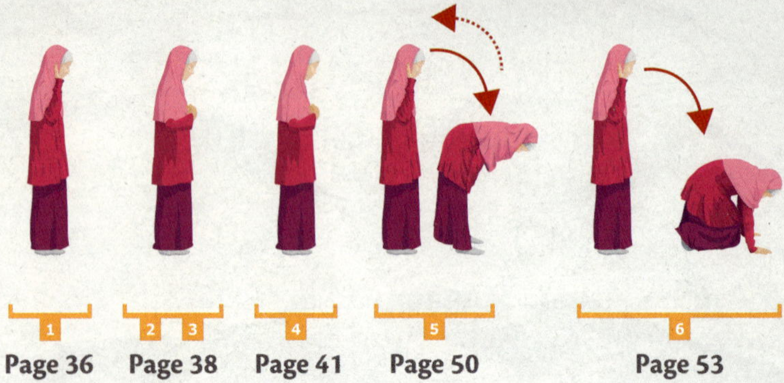

Page 59

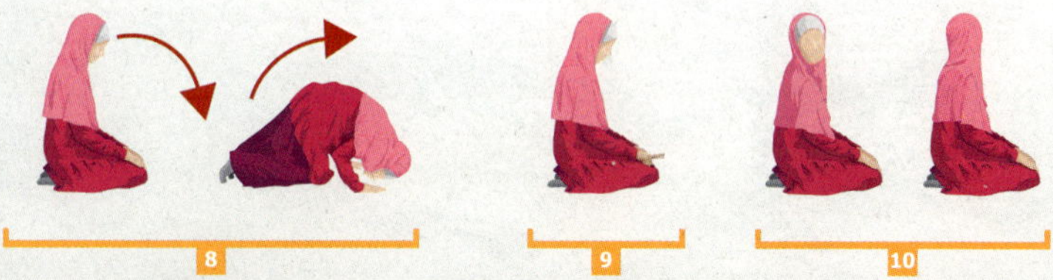

Page 59

Page 60

Page 64

1 Le takbîr

Je fixe mon regard sur l'endroit où je me prosterne. Je ne regarde ni à droite ni à gauche. Il m'est interdit de lever les yeux vers le ciel.

Ma prière commence par le takbîr

Je commence ma prière en prononçant le takbîr que l'on appelle le takbîr de sacralisation et qui consiste à dire :

Allâhu akbar

Allah est le plus Grand

Je lève les mains avant, pendant ou après le takbîr. Je les lève en orientant les paumes vers la qibla sans trop écarter mes doigts ni trop les serrer. Je lève les mains à hauteur des épaules ou à hauteur des lobes des oreilles. Il est inutile de toucher les lobes de l'oreille avec ses doigts.

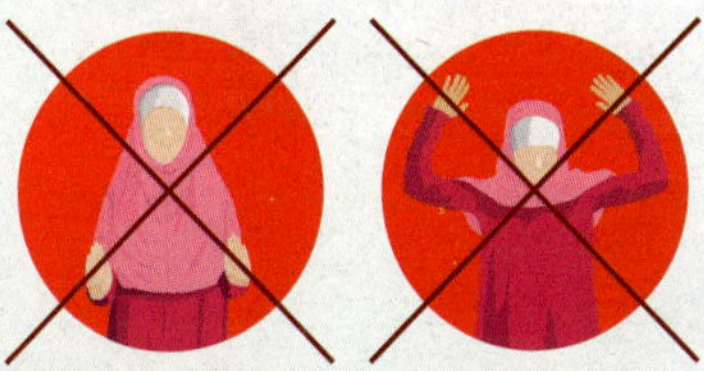

Je lève mes mains au niveau de mes épaules, ni en dessous ni au-dessus.

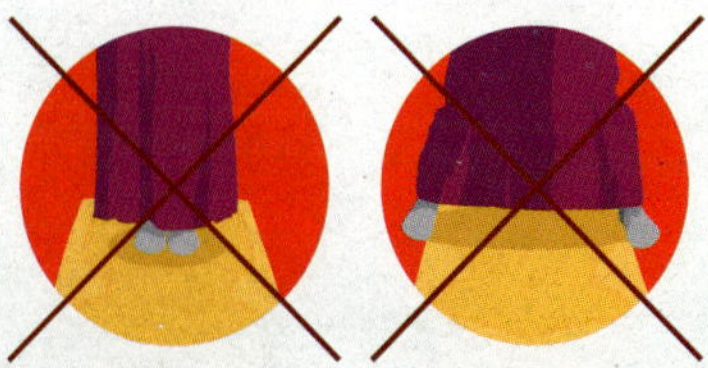

J'essaie d'adopter une position naturelle en gardant les jambes ni trop serrées ni trop écartées.

2 L'invocation d'ouverture

Après le takbîr, je pose la main droite sur le dos de la main gauche, sur le poignet et une partie de l'avant-bras gauche. Je peux aussi parfois saisir de ma main droite le poignet de ma main gauche.

Je prononce l'une des invocations d'ouverture de la prière, comme la suivante :

سُبْحَانَكَ اللَّهُمَّ وَبِحَمْدِكَ وَتَبَارَكَ اسْمُكَ
وَتَعَالَى جَدُّكَ وَلَا إِلَهَ غَيْرُكَ

Subhânaka-l-lâhumma wa bi hamdika wa tabâraka-smuka wa ta'âla jadduka wa lâ ilâha ghayruk

Gloire à Toi, ô Allah, et louange à Toi ! Que Ton Nom soit béni et Ta Majesté soit élevée ! Et il n'y a d'autre divinité en dehors de Toi.

Avant de réciter la sourate al-Fâtiha, il est obligatoire de demander la protection d'Allah contre Satan en disant :

أَعُوذُ بِاللَّهِ مِنَ الشَّيْطَانِ الرَّجِيمِ

A'ûdhu bi-l-lâhi mina-sh-shaytâni-r-rajîm

Je cherche protection auprès d'Allah contre le diable damné.

Ensuite, je récite la **sourate al-Fâtiha**.

3 La Fâti<u>h</u>a

L'importance de la Fâti<u>h</u>a

Le Prophète ﷺ soulignait l'importance de cette sourate et disait :

> « Pas de prière pour celui qui n'y a pas récité l'Ouverture du Livre (al-Fâti<u>h</u>a) ». (Al-Bukhârî et Muslim)
>
> « Une prière au cours de laquelle l'homme ne récite pas l'Ouverture du Livre n'est pas suffisante. » (Al-Bukhârî et Muslim)

Il disait :

« Celui qui accomplit une prière dans laquelle il ne récite pas l'Ouverture du Livre, alors celle-ci est déficiente, déficiente, déficiente, incomplète. » (Muslim)

Je récite à voix basse dans les prières du <u>z</u>uhr (midi), du 'a<u>s</u>r (l'après-midi), dans la troisième unité du maghrib (couché du soleil) et les deux dernières du 'ishâ' (la nuit). Je récite, par contre, à voix haute dans la prière du fajr (l'aube) et les deux premières unités du maghrib et du 'ishâ'.

4 Une autre sourate

Ensuite, lorsque le Prophète ﷺ achevait la récitation de la sourate al-Fâti<u>h</u>a, il disait : « Âmîn » en élevant et en prolongeant la voix (sauf dans les prières à voix basse). Cela signifie : « Qu'Allah exauce les invocations ».

Il ordonnait aussi à l'assemblée de dire « **Âmîn** » après l'imam : « Lorsque l'imam dit : ﴿ Non pas la voie de ceux qui ont encouru ta colère, ni des égarés ﴾, alors dites : « Âmîn », car les Anges disent « Âmîn ».

Ensuite, la tradition du Prophète ﷺ, la Sunna, veut qu'après cette sourate, j'en lise une autre ou quelques versets et ce au cours des deux premières unités de mes prières.

Sourate al-Fâtiha

L'Ouverture

1 | Bismi-l-lâhi-r-rahmâni-r-rahîm
Au Nom d'Allah, le Tout Miséricordieux, le Très Miséricordieux

2 | al-hamdu li-l-lâhi rabbi-l-'âlamîn
Louange à Allah, Seigneur des mondes

3 | ar-rahmâni-r-rahîm
Le Tout Miséricordieux, le Très Miséricordieux

4 | mâliki yawmi-d-dîn
Maître du Jour de la Rétribution

5 | iyyâka na'budu wa iyyâka nasta'în
C'est Toi que nous adorons et c'est Toi dont nous implorons le secours

6 | ihdina-s-sirâta-l-mustaqîm
Guide-nous dans le droit chemin

7 | sirâta-l-ladhîna an'amta 'alayhim ghayri-l-maghdûbi
'alayhim wa la-d-dâllîn
Le chemin de ceux que Tu as comblés de faveurs, non pas de ceux qui ont encouru Ta colère ni des égarés !

سُورَةُ
الفَاتِحَةِ

بِسۡمِ ٱللَّهِ ٱلرَّحۡمَـٰنِ ٱلرَّحِيمِ ﴿١﴾

ٱلۡحَمۡدُ لِلَّهِ رَبِّ ٱلۡعَـٰلَمِينَ ﴿٢﴾

ٱلرَّحۡمَـٰنِ ٱلرَّحِيمِ ﴿٣﴾

مَـٰلِكِ يَوۡمِ ٱلدِّينِ ﴿٤﴾

إِيَّاكَ نَعۡبُدُ وَإِيَّاكَ نَسۡتَعِينُ ﴿٥﴾

ٱهۡدِنَا ٱلصِّرَٰطَ ٱلۡمُسۡتَقِيمَ ﴿٦﴾

صِرَٰطَ ٱلَّذِينَ أَنۡعَمۡتَ عَلَيۡهِمۡ غَيۡرِ
ٱلۡمَغۡضُوبِ عَلَيۡهِمۡ وَلَا ٱلضَّآلِّينَ ﴿٧﴾

Sourate al-Ikhlâs

Le monothéisme pur

Bismi-l-lâhi-r-rahmâni-r-rahîm

1 | Qul huwa-l-lâhu ahad
Dis : « Il est Allah, Unique

2 | al-lâhu-s-samad
Allah, le Seul à être imploré pour ce que nous désirons

3 | lam yalid wa lam yûlad
Il n'a jamais engendré et n'a pas été engendré

4 | wa lam yaku-l-lahû kufuwan ahad
Et nul n'est égal à Lui » !

سُورَةُ

الإِخْلَاصِ

بِسْمِ ٱللَّهِ ٱلرَّحْمَٰنِ ٱلرَّحِيمِ

قُلْ هُوَ ٱللَّهُ أَحَدٌ ﴿١﴾

ٱللَّهُ ٱلصَّمَدُ ﴿٢﴾

لَمْ يَلِدْ وَلَمْ يُولَدْ ﴿٣﴾

وَلَمْ يَكُن لَّهُۥ كُفُوًا أَحَدٌۢ ﴿٤﴾

Sourate al-Falaq

L'aube naissante

Bismi-l-lâhi-r-rahmâni-r-rahîm

1 | Qul a‘ûdhu bi-rabbi-l-falaq
Dis : « Je cherche protection auprès du Seigneur de l’aube naissante,

2 | min sharri mâ khalaq
contre le mal de ce qu’Il a créé,

3 | wa min sharri ghâsiqin idhâ waqab
contre le mal de l’obscurité quand elle a tout envahi,

4 | wa min sharri-n-naffâthâti fi-l-‘uqad
contre le mal de celles qui soufflent sur les nœuds (les sorcières)

5 | wa min sharri hâsidin idhâ hasad
et contre le mal d’un envieux quand il envie » !

سُورَةُ
الفَلَقِ

بِسۡمِ ٱللَّهِ ٱلرَّحۡمَٰنِ ٱلرَّحِيمِ

قُلۡ أَعُوذُ بِرَبِّ ٱلۡفَلَقِ ١

مِن شَرِّ مَا خَلَقَ ٢

وَمِن شَرِّ غَاسِقٍ إِذَا وَقَبَ ٣

وَمِن شَرِّ ٱلنَّفَّٰثَٰتِ فِي ٱلۡعُقَدِ ٤

وَمِن شَرِّ حَاسِدٍ إِذَا حَسَدَ ٥

Sourate al-Nâs

Les hommes

Bismi-l-lâhi-r-ra<u>h</u>mâni-r-ra<u>h</u>îm

1| Qul a'ûdhu bi-rabbi-n-nâs
Dis : « Je cherche protection auprès du Seigneur des hommes,

2| maliki-n-nâs
le Souverain des hommes,

3| ilâhi-n-nâs
le Dieu des hommes,

4| min sharri-l-waswâsi-l-khannâs
contre le mal du tentateur perfide,

5| al-ladhî yuwaswisu fî <u>s</u>udûri-n-nâs
qui insuffle [le mal] dans les poitrines des hommes,

6| mina-l-jinnati wa-n-nâs
qu'il soit parmi les djinns ou les hommes » !

سُورَةُ

النَّاسِ

بِسۡمِ ٱللَّهِ ٱلرَّحۡمَٰنِ ٱلرَّحِيمِ

قُلۡ أَعُوذُ بِرَبِّ ٱلنَّاسِ ١

مَلِكِ ٱلنَّاسِ ٢

إِلَٰهِ ٱلنَّاسِ ٣

مِن شَرِّ ٱلۡوَسۡوَاسِ ٱلۡخَنَّاسِ ٤

ٱلَّذِي يُوَسۡوِسُ فِي صُدُورِ ٱلنَّاسِ ٥

مِنَ ٱلۡجِنَّةِ وَٱلنَّاسِ ٦

5 L'inclinaison

Après avoir terminé la récitation du Coran :

1. Je lève les mains au niveau des épaules – ou des oreilles.

2. Je prononce le takbîr.

3. Je m'incline ensuite de sorte que chaque vertèbre se fixe et que chaque membre du corps se stabilise.

Lors de l'inclinaison, je dis trois fois ou plus:

سُبْحَانَ رَبِّيَ العَظِيم

Subhâna Rabbiya-l-'Azîm

Gloire à mon Seigneur, l'Immense

1. Je pose les mains sur les genoux et j'écarte les doigts comme si je voulais saisir mes genoux.
2. Mon dos doit être parallèle au sol de telle sorte que si l'on versait de l'eau dessus, elle ne coulerait pas.
3. Je ne dois pas trop baisser la tête ni trop la lever, mais elle doit être à la même hauteur que mon dos, dans sa continuité.
4. Mes coudes doivent être éloignés de mes hanches.

Je me redresse de l'inclinaison

Je me redresse en levant les mains à hauteur des épaules ou des oreilles en disant :

سَمِعَ اللَّهُ لِمَنْ حَمِدَه

Sami'a-l-lâhu liman hamidah

Qu'Allah entende celui qui Le loue !

Ensuite, je reste debout en me tenant bien droit et posé de telle sorte que chaque partie de mon corps reprenne sa place.

Je formule ensuite l'expression suivante :

رَبَّنَا وَلَكَ الْحَمْدُ

Rabbanâ wa laka-l-hamd

Seigneur, à Toi la louange !

Ceci est obligatoire même durant la prière derrière l'imam. Donc, la première formule se dit durant le redressement de l'inclinaison et la seconde après s'être redressé.

6 La prosternation

La durée de l'inclinaison et celle de la position debout lors du redressement de l'inclinaison doivent à peu près être les mêmes.

Je me prosterne en posant les mains avant les genoux

Je dois obligatoirement dire :

اللهُ أَكْبَر

Allâhu akbar

Allah est le plus Grand

C'est alors que je descends en prosternation sur mes mains, en les posant au sol avant les genoux.

Durant la prosternation, je m'appuie sur mes mains tout en les éloignant ainsi que mes coudes de mon corps. Mes mains, dont les doigts sont joints, sont dirigées vers la qibla et positionnées à hauteur des épaules – parfois à hauteur des oreilles.

Sept parties du corps doivent toucher le sol : le nez, le front, les deux mains, les deux genoux et les orteils des deux pieds.

Mes pieds sont placés verticalement par rapport au sol en joignant mes talons. Enfin, les bouts de mes orteils doivent être dirigés vers la qibla.

Les coudes doivent être relevés et non posés au sol comme ici représenté.

Dans cette position, je dis trois fois avant toute autre invocation :

سُبْحَانَ رَبِّيَ الأَعْلَى

Subhâna rabbiya-l-A'lâ

Gloire à mon Seigneur, le Très-Haut

7 La station assise

Je me redresse de la prosternation

Je relève ensuite la tête en prononçant le takbîr qui est une obligation.

Je m'assieds posément de telle sorte que chaque partie de mon corps et chaque os reprenne sa place. Il est conseillé de s'asseoir sur mon pied gauche, mon pied droit est redressé par rapport au sol et mes orteils sont dirigés vers la qibla.

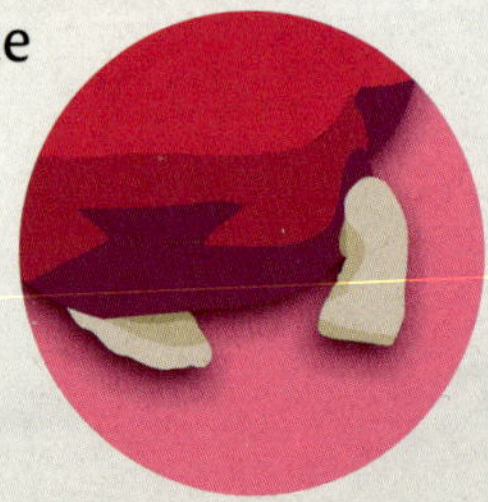

Les mains posées sur mes cuisses et mes genoux, je dis 2 fois :

Je me prosterne à nouveau

Une seconde fois, je me prosterne en prononçant le takbîr. Pour cette prosternation, je fais et dis exactement ce que j'ai fait et dit durant la première prosternation.

Je me relève pour l'unité suivante

Je redresse ma tête de la seconde prosternation, mais avant de me relever pour la deuxième unité, je reste assis, le temps que tous mes membres reprennent leur place, comme durant la session entre les deux prosternations.

Cette courte pause s'appelle la session de repos. Je peux à présent me relever pour entamer la deuxième unité, en m'aidant des deux poings que j'appuie sur le sol.

8 La deuxième unité

Pour ma deuxième unité, je fais comme pour la première, à l'exception de l'invocation d'ouverture de la prière que je ne dois plus prononcer.

Récapitulatif

9 Le tashahhud

À la fin de ma deuxième unité, après la prosternation, je reste assise, pour le tashahhud qui est obligatoire, sur mon pied gauche, le pied droit reste vertical par rapport au sol et les orteils du pied droit sont dirigés vers la qibla. Cette position est conseillée.

Je pose la main droite sur ma cuisse et mon genou droit. Je pose ma main gauche sur ma cuisse et mon genou gauche.

La posture pour le Tashahhud

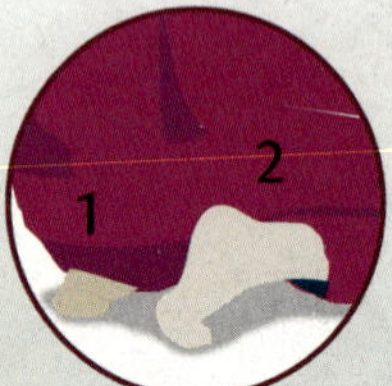

1. pied gauche étalé sur le sol
2. pied droit redressé verticalement par rapport au sol

Je bouge l'index en le regardant

Je ferme les doigts de ma main droite et je pose mon pouce sur le majeur. Parfois, je peux former un cercle avec le pouce et le majeur. Mon index doit être pointé vers la qibla et mon regard doit être posé sur mon index.

Je fais vibrer mon doigt de haut en bas vigoureusement du début à la fin du tashahhud. Ma main gauche reste naturellement posée sur ma jambe sans bouger. Je dois faire ainsi durant tous les tashahhud.

Le Tashahhud est obligatoire et doit être formulé à voix basse. Il existe plusieurs formules, dont celle-ci :

التَّحِيَّاتُ لِلّٰهِ وَالصَّلَوَاتُ وَالطَّيِّبَاتُ. السَّلَامُ
عَلَى النَّبِيِّ وَرَحْمَةُ اللّٰهِ وَبَرَكَاتُهُ السَّلَامُ
عَلَيْنَا وَعَلَى عِبَادِ اللّٰهِ الصَّالِحِينَ. أَشْهَدُ أَنْ لَا
إِلَهَ إِلَّا اللّٰهُ وَأَشْهَدُ أَنَّ مُحَمَّدًا عَبْدُهُ وَرَسُولُهُ

At-tahiyyâtu li-l-lâhi wa-s-salawâtu wa-t-tayyibât. As-salâmu ‘alâ-n-nabiyyi wa rahmatu-l-lâhi wa barakâtuh. As-salâmu ‘alaynâ wa ‘alâ ‘ibâdi-l-lâhi-s-sâlihîn. Ash-hadu allâ ilâha illâ-l-lâhu wa ash-hadu anna muhammadan ‘abduhu wa rasûluh.

Les salutations sont pour Allah, ainsi que les prières et les bonnes choses. Que le salut soit sur le Prophète ainsi que la miséricorde d’Allah et Ses bénédictions ! Que le salut soit sur nous et sur les serviteurs vertueux d’Allah ! J’atteste qu’il n’y a de divinité qu’Allah et j’atteste que Muhammad est Son serviteur et Son Messager.

Ensuite, je formule la prière sur le Prophète ﷺ comme ce qui suit par exemple :

اللَّهُمَّ صَلِّ عَلَى مُحَمَّدٍ وَعَلَى آلِ مُحَمَّدٍ كَمَا صَلَّيْتَ
عَلَى إِبْرَاهِيمَ وَعَلَى آلِ إِبْرَاهِيمَ إِنَّكَ حَمِيدٌ مَجِيدٌ
اللَّهُمَّ بَارِكْ عَلَى مُحَمَّدٍ وَعَلَى آلِ مُحَمَّدٍ كَمَا بَارَكْتَ
عَلَى إِبْرَاهِيمَ وَعَلَى آلِ إِبْرَاهِيمَ إِنَّكَ حَمِيدٌ مَجِيدٌ

Allâhumma salli ‘alâ Muhammadin wa ‘alâ âli Muhammadin kamâ sallayta ‘alâ Ibrâhîma wa ‘alâ âli Ibrâhîm. Innaka hamîdun majîd. Allâhumma bârik ‘alâ Muhammadin wa ‘alâ âli Muhammadin kamâ bârakta ‘alâ Ibrâhîma wa ‘alâ âli Ibrâhîm. Innaka hamîdun majîd

Ô Allah ! Prie sur Muhammad et sur la famille de Muhammad comme Tu as prié sur Ibrâhîm et sur la famille d’Ibrâhîm ! Tu es vraiment Digne de louange et de gloire. Ô Allah ! Bénis Muhammad et la famille de Muhammad comme Tu as béni Ibrâhîm et la famille d’Ibrâhîm ! Tu es vraiment Digne de louange et de gloire.

10 La salutation

Avant de procéder à la salutation finale pour achever ma prière, je récite l'invocation suivante :

Allâhumma innî a'ûdhu bika min 'adhâbi l-qabr wa a'ûdhû bika min 'adhâbi jahannam wa a'ûdhû bika min fitnati l-mahyâ wa l-mamât wa a'ûdhu bika min sharri fitnati l-masîhi d-dajjâl.

« Ô Allah, je cherche protection auprès de Toi contre le châtiment de la tombe, je cherche protection auprès de Toi contre le châtiment de la géhenne, je cherche protection auprès de Toi contre l'épreuve de la vie et de la mort et je cherche protection auprès de Toi contre le mal de l'épreuve du Faux Messie. »

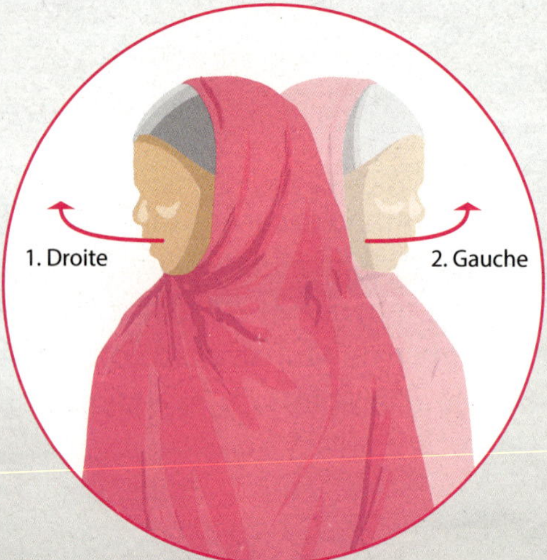

La salutation finale…

Je salue à droite de sorte que si quelqu'un était derrière moi, il verrait l'extrémité de ma joue droite. Puis, je salue à gauche de la même manière. La salutation est un pilier de la prière. Une des formules de salutation à droite et à gauche est la suivante :

السَّلَامُ عَلَيْكُمْ وَرَحْمَةُ اللَّهِ

As-salâmu 'alaykum wa rahmatu-l-lâh

Que la paix soit sur vous ainsi que la miséricorde d'Allah

Les invocations après la prière

Le Prophète ﷺ a conseillé à sa communauté d'invoquer Allah après chaque prière obligatoire. Ces invocations ne sont pas obligatoires mais celui qui les néglige passe à côté d'un bien immense. Voici quelques exemples d'invocation :

Astaghfirullâh 3 fois. Allâhumma anta s-Salâmu wa minka s-salâm, tabârakta yâ dha l-jalâli wa l-ikrâm 1 fois.

Quand le Messager d'Allah ﷺ terminait sa prière, il demandait pardon trois fois et disait : "Ô Allah ! Tu es al-Salâm et de Toi provient le salâm. Béni sois-Tu, Détenteur de la Majesté et de la Magnificence !" (Muslim)

Subhânallâh 33 fois, al-hamdulillâh 33 fois, Allâhu akbar 33 fois. Puis 1 fois : lâ ilâha illallâhu wahdahu lâ sharîka lah. Lahu l-mulk wa lahu l-hamd wa Huwa 'alâ kulli shay'in qadîr.

Le Prophète ﷺ a dit : « Celui qui, après chaque prière, exalte Allah trente-trois fois, loue Allah trente-trois fois et glorifie Allah trente-trois fois, cela faisant quatre-vingt dix-neuf, et les complète à cent en disant : « Point de divinité à part Allah, Seul et sans associé, à Lui la Royauté et à Lui la Louange, et Il est Capable de toute chose », ses fautes seront pardonnées, même si elles étaient aussi abondantes que l'écume de la mer. » (Muslim)

Les cinq prières et le nombre de leurs unités

Récapitulatif

Prière	Rak‘a 1		Rak ‘a 2		Rak‘a 3		Rak‘a 4	
Al-fajr (l’aube)								
Al-ẕuhr (le midi)								
Al-‘as̱r (l’après-midi)								
Al-maghrib (le coucher du soleil)								
Al-‘ishâ’ (le soir)								

Les cinq prières et leur heure légale

1. Al-fajr (l'aube)

al-Fajr
الفَجْرُ
Deux rak'a

Elle débute lorsque le fil blanc de l'aube se distingue du fil de la nuit noire, c'est-à-dire lors de l'apparition des premières lueurs du jour visibles tout au long de l'horizon. Cette prière se compose de deux unités et la récitation s'y fait à voix haute. Cette prière est aussi appelée subh. Elle est précédée d'une prière surérogatoire fortement recommandée composée de deux unités où la récitation se fait à voix basse.

2. Al-zuhr (midi)

Son temps commence lorsque le soleil s'écarte du milieu du ciel vers le couchant et finit lorsque l'ombre d'une chose atteint la longueur de la chose elle-même. On entend par « chose » un bâton, par exemple, planté verticalement sur un sol plat. Si quelqu'un est debout dans un endroit ensoleillé et que le soleil est au milieu du ciel, on observe qu'il a une ombre. Cette ombre est l'ombre au zénith. Lorsque le soleil dévie vers l'ouest, on observe que son ombre s'allonge et tourne vers le levant. C'est le signe que le temps du zuhr a commencé. Cette prière se compose de quatre unités et la récitation se fait à voix basse. Selon Anas Ibn Mâlik ﵁ : « Le Prophète ﷺ avait l'habitude d'accomplir la prière du zuhr en tout début d'heure par temps froid et de la retarder quand il faisait très chaud ». (Al-Bukhârî).

3. Al-‘asr (l’après-midi)

al-ʿAsr
العَصْرُ
Quatre rakʿa

Troisième prière rituelle de la journée qui est effectuée en après-midi. Elle est constituée de quatre unités. On l’appelle aussi la prière médiane. Son temps commence lorsque l’ombre d’un objet atteint la même taille que l’objet lui-même. Elle prend fin quand le disque solaire quitte l’horizon même s’il est fortement déconseillé de prier dans la dernière demi-heure précédant la disparition du soleil. La récitation est à voix basse.

4. Al-maghrib (le coucher du soleil)

al-Maghrib
المَغْرِبُ
Trois rakʿa

Prière rituelle effectuée au coucher du soleil, qui comprend trois unités au cours desquelles on récite le Coran à voix haute dans les deux premières unités et à voix basse dans la dernière. Son heure débute quand le disque solaire quitte l’horizon et s’arrête quand la nuit noire prend place et qu’il n’y a plus de lueurs du soleil à l’horizon.

5. Al-‘ishâ’ (le soir)

al-Ishâ’
العِشَاءُ
Quatre rak‘a

Cinquième et dernière prière rituelle quotidienne qui s’accomplit le soir. Elle est constituée de quatre unités et la récitation au cours des deux premières se fait à voix haute. Son temps commence à la disparition de la lueur rouge et finit à la moitié de la nuit, même s’il y a divergence quant à la limite de cette prière.

Les moments où il n'est pas permis de prier

Le Prophète ﷺ nous a indiqué qu'il y avait trois moments dans la journée où il n'était pas permis d'accomplir des prières surérogatoires. Cette interdiction concerne les prières surérogatoires qui ne sont pas liées à une raison particulière. Si elles sont liées à une raison, elles peuvent être accomplies durant ces moments également (ex : la prière funéraire, la prière de salutation de la mosquée, etc.)

Ces trois moments sont les suivants : après le fajr jusqu'au lever du soleil, lorsque le soleil est au zénith et entre le 'as̲r et le maghrib.

Le Prophète ﷺ a dit : « Pas de prière après la prière du 'as̲r jusqu'au coucher du soleil, et pas de prière après la prière du fajr jusqu'au lever du soleil ». (Al-Bukhârî, Muslim)

Le Prophète dit : « Fais la prière du matin, puis abstiens-toi de prier et attends que le soleil monte et dépasse l'horizon, car durant ce temps il apparaît entre deux cornes de Satan et ses adorateurs se prosternent devant lui. Passé ce moment, tu peux prier. Les Anges assistent alors à ta prière. Quand l'ombre d'une lance devient la plus courte possible, cesse de prier. C'est le moment où l'on attise l'Enfer. Quand l'ombre s'étend, tu peux reprendre ta prière. À ce moment les Anges y assistent. Venu al-'as̲r, abstiens-toi de prier jusqu'au coucher du soleil. Il se couche entre deux cornes de Satan. À cet instant ses adorateurs se prosternent devant lui. (Muslim)

Le retard dans la prière en commun

Il peut arriver que la croyante arrive à la mosquée en retard et qu'elle constate que les fidèles sont déjà à un stade avancé de la prière. Dans ce cas, elle doit d'abord formuler le takbîr de la sacralisation en étant debout. Ensuite, elle se met dans la posture des autres prieurs en faisant à nouveau le takbîr et elle considère qu'elle commence sa prière dès le début. Donc si elle arrive à la troisième unité, pour elle ce sera la première.

Si elle rejoint les fidèles debout ou inclinés, ce sera pour elle sa première unité. Par contre, si elle les rejoint après le redressement de l'inclinaison, sa première unité commencera lors de l'unité suivante.

Quand l'imam salue, elle ne salue pas mais se relève et complète sa prière.

La prière du voyageur

L'islam a facilité au voyageur l'accomplissement de ses prières sachant que le voyage est un moment où se mêlent gêne, fatigue, stress, craintes, etc.

Il est fortement recommandé que le voyageur écourte ses prières de quatre unités pour les ramener à deux. Il n'est pas conseillé d'accomplir des prières surérogatoires sauf celle précédant le fajr et celle du witr, car le Prophète ﷺ ne délaissait jamais ces deux prières, même en voyage.

Ce raccourcissement débute lorsque le croyant quitte sa ville de résidence dans l'intention de partir en voyage.

Il lui est également permis de regrouper les prières du zuhr et du 'asr à l'heure de l'une de ces deux prières. Ainsi que celles du maghrib et du 'ishâ' à l'heure de l'une de ces deux prières.

En revanche, lorsque le voyageur prie derrière un imam résident, il effectue une prière complète.

Si le voyage est aisé et sans peines, le raccourcissement reste d'application. Ya'lâ Ibn Umayya a dit : « J'ai demandé à 'Umar Ibn al-Khattâb : « Vois-tu le fait que les gens raccourcissent tous leur prière alors que dans le verset Allah عز وجل dit : ﴿si vous craignez que les mécréants ne vous mettent à l'épreuve﴾ et qu'aujourd'hui on n'a plus peur ? » 'Umar a dit : « Je me suis étonné de la même chose que toi, j'ai donc demandé cela au Prophète ﷺ qui a dit : « C'est une aumône qu'Allah vous a faite, acceptez donc cette aumône » ». (Al-Bukhârî, Muslim, Abû Dâwud, al-Tirmidhî).

La prière du malade

Le malade peut regrouper les prières du zuhr et du 'asr ainsi que celles du maghrib et du 'ishâ, durant leur moment spécifique. Il peut également recourir aux ablutions sèches si l'eau aggrave sa maladie ou retarde sa guérison. S'il ne peut pas prier debout, il peut s'asseoir. S'il ne peut pas s'asseoir, il peut prier allongé. Mais la prière reste obligatoire et ne peut en aucun cas être délaissée pour cause de maladie. Selon 'Imrân Ibn Husayn, le Prophète ﷺ a dit : « Prie debout, si tu ne peux pas, alors prie assis, si tu ne peux pas, alors prie sur ton côté ». (Al-Bukhârî, Muslim, Ahmad).

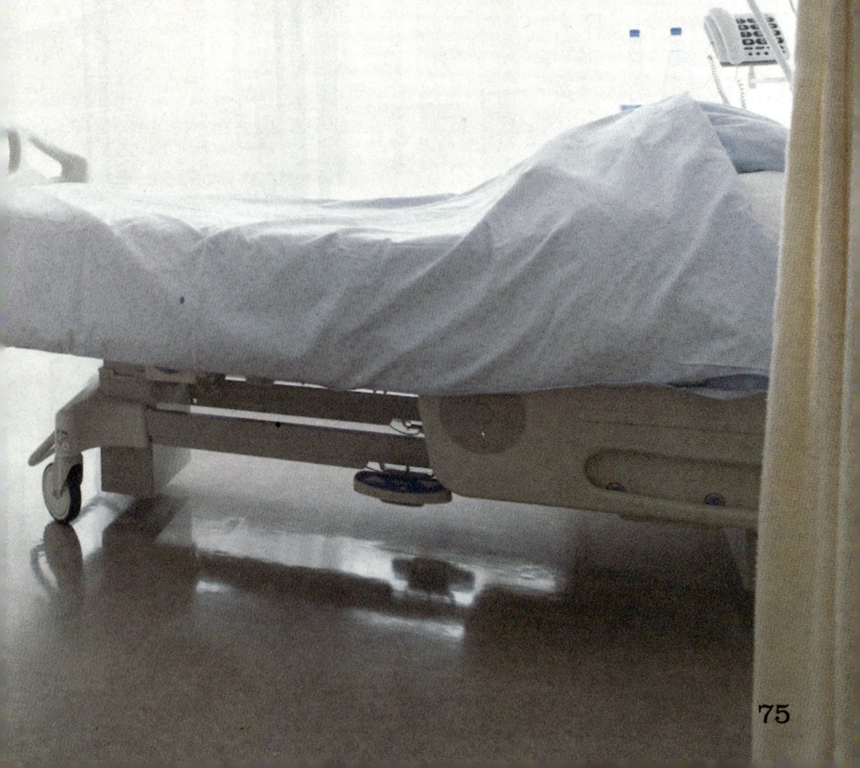

La prière du vendredi

Allah dit : ﴿Ô vous qui avez cru ! Quand on appelle à la prière du jour du vendredi, accourez à l'invocation de Dieu et laissez tout négoce. Cela est bien meilleur pour vous, si vous saviez !﴾ Coran, 62:9

Le Prophète ﷺ a dit : « La prière du vendredi est une obligation pour tout musulman, hormis quatre personnes qui sont : l'esclave, la femme, l'enfant et le malade ». (Abû Dâwud)

On comprend clairement de ce hadith que la prière du vendredi n'est pas une obligation pour les femmes.

Selon Abû Hurayra, le Prophète ﷺ a dit : « Celui qui a fait ses ablutions avec application, puis est allé à la prière du vendredi et a écouté en silence, il lui est pardonné les péchés de la période entre les deux vendredis avec trois jours de plus ». (Muslim)

Le Prophète ﷺ a dit : « Le lavage du corps incombe à tout pubère le vendredi, qu'il s'habille de ses beaux vêtements et qu'il se parfume, s'il a du parfum ». (Al-Bukhârî et Muslim)

La prière du vendredi s'accomplit à la place de la prière du zuhr. Elle est obligatoire et se compose de deux unités à voix haute. Elle ne peut s'accomplir qu'à la mosquée et en groupe. Elle est précédée d'un sermon donné par l'imam. Si on n'y assiste pas, on doit accomplir la prière de zuhr.

La prière des deux fêtes

La fête du sacrifice ('îd al-adhâ) ainsi que celle de la rupture du jeûne du mois de Ramadan ('îd al-fitr) sont marquées par une prière appelée la prière de la fête. Pour la majorité des savants, son statut est fortement recommandé et certains y voient même une obligation.

Elle s'accomplit tôt le matin et est composée de deux unités où la récitation se fait à haute voix. Cette prière est également accompagnée d'un sermon donné par l'imam mais ici, ce serment suit la prière, contrairement à la prière du vendredi.

Il est recommandé de porter ses plus beaux vêtements et de faire le ghusl (grandes ablutions). Le Prophète ﷺ avait pour habitude de célébrer cette prière en dehors de la mosquée, dans la musallâ[1] et les femmes y étaient conviées, même celles en période de menstrues afin d'écouter le rappel.

Ibn 'Abbâs a dit : « Le Prophète ﷺ faisait sortir ses femmes et ses filles pour les deux fêtes ». (Ibn Mâjah, al-Bayhaqî)

Cette prière se distingue également par des takbîr (Allâhu akbar) qu'on prononce avant la récitation de la fâtiha. Le Prophète ﷺ a dit : « Les takbîr dans la prière du fitr sont au nombre de sept dans la première unité, et cinq dans la deuxième, la lecture du Coran se fait après cela ». (Abû Dâwud, al-Dâraqutnî)

---

1 Lieu de prière extérieur où l'on célèbre notamment les prières funéraires et celles des deux fêtes.

Erreurs et distraction dans la prière

Durant la prière, la croyante peut commettre une erreur, avoir un oubli, ou encore être distraite. C'est humain et cela n'annule pas la prière, car le Prophète ﷺ nous a enseigné la manière de corriger tous les cas de figure qui peuvent entacher la prière. Il est important de savoir que ce sujet est l'objet de divergences entre les savants et que nous allons présenter une manière claire et simple de corriger la prière.

Durant la prière, la croyante peut ajouter un élément, omettre un élément, ou hésiter. Pour chacun de ces cas, une correction est prévue qui se manifestera par l'ajout de deux prosternations en fin de prière.

Si la croyante se rend compte qu'elle a ajouté un élément dans sa prière, il lui suffira de se prosterner à deux reprises après la salutation finale et d'ensuite saluer à nouveau sans prononcer à nouveau le tashahhud.

Si la croyante se rend compte qu'elle a omis un élément dans sa prière, il lui suffira de se prosterner à deux reprises avant la salutation finale et après le tashahhud. Mais attention, si elle a omis un pilier de la prière (prosternation, inclinaison, etc.), l'unité où s'est produite l'omission est annulée et est remplacée par l'unité suivante dans l'ordre de la prière.

Si la croyante est traversée par un doute, alors deux cas sont possibles :

Si elle n'arrive pas se défaire de son doute, ni à faire prévaloir une situation, elle basera alors sa prière sur la certitude, c'est-à-dire le minimum, puis complétera sa prière sur cette base. À la fin de la prière, elle se prosternera à deux reprises avant la salutation finale et après le tashahhud.

Si elle arrive à se défaire de son doute et à faire prévaloir une situation, elle se prosternera à deux reprises après la salutation finale, puis saluera à nouveau.

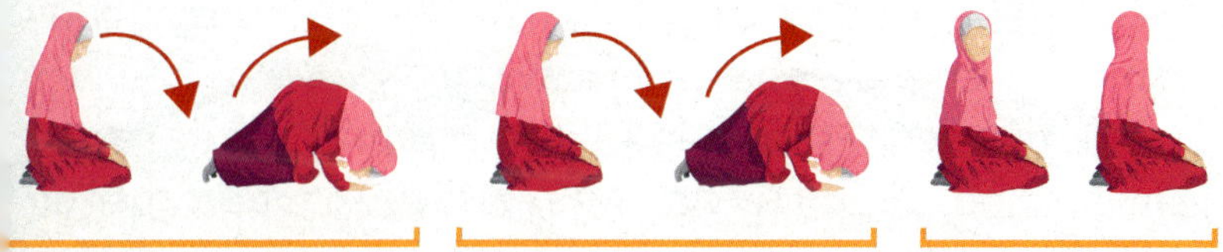

Les prières surérogatoires

Parallèlement aux cinq prières obligatoires, le Prophète ﷺ nous a indiqué plusieurs prières surérogatoires qui compléteront le Jour Dernier les imperfections de nos prières obligatoires. Elles permettent aussi d'approfondir le cheminement spirituel des croyants, de se faire pardonner les péchés et de se faire aimer par Allah. Le Messager d'Allah ﷺ a dit : « Allah le Très-Haut a dit : « Je déclarerai la guerre à quiconque se montre hostile à l'un de Mes alliés. Parmi tous les moyens employés par Mon serviteur pour se rapprocher de Moi, rien ne M'est plus agréable que la pratique de ce que Je lui ai imposé. Mon serviteur ne cesse de se rapprocher de Moi par les actes surérogatoires jusqu'à ce que Je l'aime. Une fois que Je l'aime, Je deviens son ouïe avec laquelle il entend, sa vue avec laquelle il voit, sa main avec laquelle il saisit et son pied avec lequel il marche. S'il Me demande alors quelque chose, Je la lui donne et s'il se met sous Ma protection, Je la lui accorde ». » (Al-Bukhârî)

Sunnat al-fajr

Il s'agit de deux unités à voix basse juste avant la prière du fajr. Selon 'Âisha, le Prophète ﷺ a dit : « Les deux unités de prière avant la prière de l'aube valent mieux que ce bas monde et tout ce qu'il renferme ». (Muslim, Aẖmad, al-Tirmidhî).

Le Prophète ﷺ a dit : « Ne délaissez pas les deux unités du fajr, même si vous êtes en plein combat ». (Aẖmad, Abû Dâwud, al-Bayhaqî)

'Âisha a dit : « Le Prophète ﷺ ne faisait pas plus attention à une prière surérogatoire qu'aux deux unités du fajr ». (Al-Bukhârî, Muslim, Ahmad, Abû Dâwud)

Witr

Prière surérogatoire de la nuit composée d'un nombre impair d'unités. Il est fortement recommandé que le witr soit la dernière prière nocturne accomplie, en vertu de la parole du Prophète ﷺ : « Que quiconque prie la nuit fasse en sorte que sa dernière prière soit le witr ! » (Al-Bukhârî et Muslim). Cet ordre donné par le Prophète ﷺ correspond à une recommandation qui traduit une préférence. Le Prophète ﷺ a dit : « Allah vous a ajouté une prière qui est le witr, accomplissez-la entre la prière d'al-'ishâ et la prière du fajr ». (Ahmad avec une chaîne authentique)

Duhâ

Prière surérogatoire de la matinée, nommée également la prière des repentants. Il est possible de faire la prière du duhâ depuis le moment de l'élévation du soleil au-dessus de l'horizon, de la longueur d'une lance, jusqu'à celui de son passage par le zénith. Mais sa meilleure heure est lorsque la chaleur du matin est à son plus fort et lorsque le soleil est bien haut dans le ciel. Le minimum est de deux unités, le maximum que le Prophète ﷺ a fait est huit unités et le maximum qu'il a mentionné est douze unités.

Les prières surérogatoires dites rawâtib sont au nombre de douze, le Prophète ﷺ les accomplissait assidument, les voici :

4 unités avant le zuhr
2 unités après le zuhr
2 unités après le maghrib
2 unités après le 'ishâ'
2 unités avant le fajr

En revanche, il ﷺ ne les accomplissait pas en voyage sauf 2 unités avant le fajr et la prière du witr.

Il est permis d'accomplir ces prières à la mosquée mais la maison reste préférable pour elles. D'après Um Habîba, le Messager d'Allah ﷺ a dit : "Quiconque prie douze rak'a en un jour et une nuit, on lui construira, grâce à elles, une demeure au Paradis" ». (Muslim)

Il est également recommandé de prier :

4 unités avant le 'asr
2 unités avant le maghrib
2 unités avant le 'ishâ'
4 unités avant le zuhr et 4 après

Le recueillement al-kushû‘

Ce manuel de la prière s'est principalement concentré sur l'aspect extérieur de la prière, la manière de l'accomplir conformément à la tradition du Prophète ﷺ, sur le plan des actes, des gestes et des paroles.

Cependant, la croyante doit bien comprendre que l'essence de la prière est le recueillement spirituel. Allah dit :

﴾Accomplis la prière pour le souvenir de Moi.﴿

Coran, 20:14

Les actes, les gestes et les paroles sont importants et incontournables. Mais ils ne valent que peu de chose si la prière est vide d'humilité et de recueillement. Le Prophète ﷺ a dit : « L'homme finit sa prière alors qu'il ne lui a été attribué que le dixième de sa récompense, le neuvième, le huitième, le septième, le sixième, le cinquième, le quart, le tiers, ou la moitié. » (Abû Dâwud, al-Nasâ'î, Ibn Hibbân)

Voici quelques conseils qui aideront celle qui prie à être plus concentrée et recueillie :

- Prier dans un endroit calme et paisible, loin du bruit.

- Réfléchir sur le sens de ce qu'on récite.

- Éloigner ce qui peut déconcentrer : la forte faim, la fatigue intense, l'envie d'aller aux toilettes, etc.

- S'imaginer qu'on va effectuer la dernière prière de notre vie.

Table des matières